DE SILÊNCIOS E DEMORAS

Cristiano de Sales

EXEMPLAR Nº 224

DE SILÊNCIOS E DEMORAS

Cristiano de Sales

1ª Edição

2020

Por muito tempo olhar e ser olhado

Luiz Felipe Leprevost

Ficar por longos minutos olhando e sendo olhado. Olhar nos olhos do outro. Olhar nos olhos das coisas. Ser olhado pelo outro. Ser olhado pelas coisas. Num dos seus poemas Cristiano de Sales pergunta: *e se fotografar for / se demorar um pouco mais / nas coisas?* O amor pode que tem a ver com isso: procurar enxergar de verdade, permanecer um tempo e aceitar o movimento. E dançar o movimento. Os olhos tocam aquilo que percebem e o modo como se comportam, por tocar e ser tocados, é o seu estar no mundo. Neste *de silêncios e demoras* é como se o poeta nos dissesse: não posso olhar as coisas sujas sem me sujar com elas; não posso olhar as coisas lindas sem me lindar com elas. Porque, no final das contas, parece mesmo não haver outra vizinhança (nem esperança) além do corpo a corpo. A poesia de Cristiano de Sales tem esta relação corporal com a cidade, com o tempo, com o outro, com a poesia. Experimenta limites, faz aproximações, espera, então, novas aproximações. As intensidades estão aí, as marcas nas superfícies e a subjetividade das profundidades. Se o que temos aqui são poemas na altura dos olhos, isto quer dizer que este poeta enxerga com os olhos do corpo todo (com os poros-olhos). E o movimento dos seus poemas é cinema no rio da vida. O livro se desloca numa progressão gradual, um rio que paulatinamente ganha volume. No modo como o livro foi montado, o fluir da sequência dos poemas, organizados em dez partes (*esse ir, urbanas, quando dentro, andinas, dos artesãos, retratos de ausências, de tanto saber o tempo, metapoemas (ainda), de ethos e pa(c)thos, logo,*), tem qualidade de lençol freático. Há, portanto, uma jornada subterrânea. Dessa maneira, partes dos poemas escoam, enquanto outras se infiltram no solo das páginas. O livro vai como um rio subterrâneo percorrendo e sendo percorrido pelo tempo e, de repente, brota para o visível, para a percepção do fora, quando os olhos colhem (como mãos em concha) porções de matéria poética, que o poeta pega, segura um pouquinho e solta (é o corte, o recorte, o gesto de quem pisca). Há muito li uma obra chamada Num piscar de olhos, escrito por um grande editor de filmes, Walter Murch. No ensaio, Murch discute as relações entre corte, continuidade e descontinuidade. Ele traça paralelos também entre as cenas dos filmes e nossos sonhos, entre o estado de espírito do espectador e a frequência de seu piscar de olhos. Para o trabalho dele, segundo diz, o piscar de olhos é fundamental. Murch explica que quando está editando um filme, tende a fazer o cortar das cenas onde o ator pisca, para ele, este é o melhor corte. Se a cena é calma, os atores piscam mais lentamente. Se a cena é violenta, os atores piscam com mais velocidade e força e mais vezes. Isto é orgânico no ator. As intensidades das cenas, se o ator está de verdade ali, estão no corpo e os olhos piscam essas verdades. Bem, a poesia de Cristiano de Sales são essas verdades, essas intensidades, esses piscares. Daí advir o estalo epifânico dos poemas, de uma presença de âmago. Como certa vez me disse o autor: *tudo é sondagem dos significados poéticos e éticos da vida*. Por certo que nossa visão sobre o mundo, mesmo se colocada de modo banal, formula um olhar. E este olhar cria sentidos. Compreender o significado das coisas é um exercício do intelecto, porém a poesia não pertence apenas ao intelecto. A poesia é um corpo constituído por uma série de corpos sutis que a geram e sustentam, desde aspectos fenomenológicos, passando pelas fantasias pessoais, vindo dar no tumulto público (que é, de algum modo, a existências de um livro publicado – no caso aqui, esta excelente obra de estreia).

para Cristina.

"Difícil fotografar o silêncio."

Manoel de Barros

esse ir

é quando num quadro

a cena descansa

do que já não pode

e na frágil luz

percebe-se que

os riscos são outros

translúcido cristal

vazado-explodido

em cores de coisas

onde o homem (não)

reflete

só

urbanas

caminho de não lembrar

passos

frio onde um mendigo

olha

na feira

a cana o caldo

o talho do artesão

em formas

texturas

histórias de gentes

restos e gestos

marcados na arte

na lona

o homem

e as cores

tantas

e o cheiro

e as vozes

tudo

no muro a face

desenhada para não ser

no centro

um homem

talvez

um réptil

e o rastro

transfigurado

que um artista

grafita

aos berros coloridos

orelhão

outdoor de peitos e bundas

concha acústica sem som

museu contemporâneo

do tempo que não é mais

    fala

o sol

na altura do olho

compridas sombras

e entre os prédios

postes

carros e árvores

escapa

uma chama

de erótico outono vermelho

"e a noite após"

ando pelas cidades tentando fixar

com os olhos

cada centímetro de suas faces

em mim

mas como um cego

pareço sempre dar corpo à memória

pelos sons

em Porto

as fragatas gritam para além

da Ribeira

em nós

deixando

gosto de mar em tudo

o denso calor
pegou
nas folhas da tarde
coa preguiça de um macunaíma
para um haicai

a tarde sem brinquedos

e uma cigarra
sem lirismo

à capela

mas ainda não era
o tédio

só verão
sem rio

ontem voltei pra casa andando

lento

mais que o comum

esteira de metrô

só que ao contrário

cidade engarrafada

eu não

mas bebi

cada gole daquele espetáculo

de luzes impacientes

sem poderem ir

rápido

nem devagar

pronde quer que a fome

mas não

sim

tinham de esperar

sem charme

em seus carros

bile comendo o tempo

no café

o lenço fino de bolas negras no pescoço

dissimulava o nervosismo

como se um primeiro encontro

não fosse beber

no desajeito

seu mais sincero riso

escorrido

em bocas tensas

que ainda não

sabem da íntima

tatuagem

que o tempo

encarna

as cidades passam

a valer outras coisas

em nós

de cores

em línguas de portas se fechando

ruídos da prosódia

alheia

a tudo

que já não brinca mais

lá

onde outrora

pegadas

rugas

ruas

cada cidade tem sua

imagem sonora

de gestos

em ferro, madeira

pesada

vidro ou sinos

sirenes

(alguém doente

ou preso)

fofocas

miúdas

e quando longe

não ouvimos

falta

um gosto de lugares

em outro tempo

quando dentro

cortina espessa

de luz poeirenta

invadindo o quarto

frio

de já sem ela

        e um cheiro

de sexo adormecido

e café

na estante o nome

em cujos ombros

sentiu pesar o mundo

de olhá-los

nome

ombros

mundo

a suspeita

de que o poema

calou tarde

a textura

do quarto de dormir

no fosco e escuro

(mas nem tanto)

que se vê

em vigília e sono

riscando a pele

do último copo de tinto

babado

bebido

borrado

e o desalinho

arrítmico

de uma respiração voltando

quando na casa vazia jazz

um sopro metálico

que sola

no azedo do alcool passado

as lembranças querem ainda

de um frêmito há pouco...

prolongar a noite

que não precisou

o nome

quase sono

aquele breve instante

em que o ácido onírico corrói

a face da aparência

e como que diante de um desenho

de Francis Bacon

no quiasma do que é sonho

com o que não

em vez de medo

conforto

o sangue espesso

correndo

dentro à pele

do rosto

latejando o gosto

estranho do desconforto

quente

que dura

o espaço

do olho

quase cerrado

vão térreo de um prédio modernista

cortando a paisagem

lençol ardendo

frio

página, penumbra

molamba, penosa

irascível poesia

em febre

andinas

a pintura

uma parreira

ao pé da montanha

tão escandalosa em formas que

                        naquela tarde

sobrou ao vento no vale

ir buscar cores

apenas

nos cabelos

curvas

   e flores

do vestido embriagado

e lascivo

dela

à montanha São Francisco (um glacial no Chile)

nunca lhes derreteram
os cabelos brancos
nem nunca o homem lá
fez memória
apenas observou
de baixo
respeitoso
aquela sólida
solidão
que muda de cor
várias vezes ao dia
ao prazer das horas
do sol.
lá de cima...
sempre
olhando nosso sem jeito
num pescoço doído
de tanto não conseguir estar lá

casa de Neruda

Isla Negra
fora, o mar
dentro, pedra

frio ao vento
calor à mesa.

livre para o azul
vista para o sonho
fantasiado
com brinquedos
de um espírito lírico
debochado

menino mimando
se

do alto

mais perto das nuvens

Wayna Picchu, dignidade em pedra, vê

que nas ruinas, restos e resíduos

de um povo que não mais

deixamos passos empoeirados

e sedentos

maravilhados

pelo que não sabemos

de chuva sol vento e gente mística

distante

Machu Picchu

obra que a ciência tenta ler.

enquanto não

poema.

dos artesãos

fazer falta

é

quando em um quadro

de Hopper

mais que a luz

cumplicidade

(exercício a partir de Merleau-Ponty e
João Cabral)

que os versos fossem plásticos.

animais vegetais

minerais, sim, mas plásticos.

feito espelho com seu

se fazer concreto em tudo

que no mundo

não é.

rios invisíveis que dançam

na rachadura da língua

seca quieta

de um sertanejo

ou de um Miró

(e de Gullar)

no justo instante em que

a luz já baixa

e tudo em cor

de sombra

um fundo ainda claro

ruídos de carros

máquinas de solução

sem imaginação

prédios quadrados

altos

na ponta

majestoso

um pássaro

haicai

sendo

sem nós

aqui estaria um poema em homenagem a Ana
Cristina Cesar

e esse crime

seria de amor

João

do Rio

que desce

lento

a cidade

e os tipos

fortes

tatuados

nos becos

nas damas

de dia

com histórias

de viradores

pingentes

amantes

na rua

de Antônio

outro João

(de quando descobri o Caetano do carnaval)

quando no carnaval
chove
o corpo sua
mais melado
e o povo ri
um pouco
mais alto

porque no sangue
o álcool
e a cumplicidade de um segredo
que a fantasia encarna
entorpecem
o peso de existir
sem serpentina
arlequim
ou fúria

o timbre do Ylê

lá da liberdade da Bahia

não vem apenas da voz preta

ou da batida em tantos tambores

vem da pele que não habito

em amarelos e vermelhos

sensuais

ritmados

escandalosamente bonitos

poeticamente políticos

sexys

em seu ritual

devasso

esculpidos, anatômicos, fortes

cobertos de pó, lama, nus

caranguejando no palco

e tela

onde o que é quieto explode em falas

e gestos encarnados

da dança com que

Deborah

risca o homem

O cão

O poema

O rio

espesso da fala

de João Cabral

a uma peça do coletivo El Camiño

no escuro a sala

quente

pequena

onde pernas peitos bocas

traços

copos, risos

cheiros

nuvens

transaram na mesma canção

elidindo amor

e bile

Bill Viola

pintura

escultura

que rasga o tempo

de quem insiste

em não estar

a tempo

no espaço

que move

no quadro

líquido

a Wilton Azevedo

escrever sobre o amigo
que morreu

encarar-se na noite
sem que alguém
ponha no jarro
sem água, flores

cinzeiro vazio

sem gelo no copo

navalha da compreensão

que bom
que você fazia piadas

ao Joaci, que lê para o namorado que perde a
visão

fez da carne de sua voz
a carne do olho
do outro

mundo virando
mundano
no afeto
da poesia a dois

palavras na ausência
do mundo visto
entram pela pele
de quem reinventa
o amor

no Parque Nacional de Sete Cidades

em riscos vermelhos

em pedras de areia

são bichos são homens

retidos no espaço

de um tempo distante

guardado na mata

espessa onde um dia...

outra fala

outra história

ao Museu Nacional

queimou

ardeu

sumiu

janelas de fogo

cruel fogueira na noite do Rio

a língua morta

que vivia em alguma materialidade

os restos de uma mulher que a natureza

preservou

nós não

memória apagada

como história, histórias

muitas

que não tendo mais

começa uma nova narrativa do que restamos

um signo à deriva

não encarnado no tempo

sem imagem para a ficção futura

retratos de ausências

é como quando a casa

depois de ido embora

o caminhão com os móveis

selasse o desengano

a quem recém-chegado

sabendo-se atrasado

ficou

      e o sol

      cortina de poeira

translúcido copo
manchado
na borda
de quem já não

mas ali bebeu
gemeu sonhou
mentiu
transou
com o tecido
da língua

da obra
largada
ao meio

no findo do vidro
resto azedo
vontade de lamber

o tempo

abrir e fechar

a casa

quando abre e o dia é bom

vontade de deixar entrar

geometria de azul

notas quentes de um ruído

sem invasão

acolhido na sala

quieta

cortes de cena

um filme

quando fecha e é frio

úmido

conforto de estar

em segredo

íntimo

louco

aquele breve instante

quando descendo a escada

a porta do vizinho se fecha

lenta

deixando ver

       e cresce em nós

uma ingênua vontade

de habitar a outra vida

         que não é

a do vizinho

mas sim aquela

que ele também quer

quando negligentemente

deixamos a nossa

um pouco aberta

é como tentar adivinhar

o que fazem no cômodo aceso

no prédio em frente

quando todos no escuro

mania de não estar

fotos nas paredes de cidades onde estivemos

paredes de cidades, ou fotos de cidades

ou nossas ausências nas cidades

ou as cidades atualizando seus rastros aqui

onde e quando não estamos mais

sem elas

essa janela na parede

paisagem para um outro nós

de tentar saber o tempo

tempo

quando vivido

para o que não é da gente

o corpo cansa

muito antes

e se fotografar for

se demorar um pouco mais

nas coisas?

como saber do tempo

se não na ferrugem

da bicicleta do avô

amarrada no poste da antena?

o pneu vazio em pó

e do espaço

se não deitando ao longo

de onde não havia

a mesma ferrugem?

tem uma coisa muito bonita

em receber livros pelo correio

algo que tem a ver com

papel pardo em volume retangular

durex bem fixado

uma etiqueta e o nome de uma cidade

onde alguém

embrulhou uma história

para viagem

é como se aquela personagem da Clarice

preparar uma comida

lentamente

colocar temperos

folhas miúdas

sentir mudar o cheiro

que sobe

quente

bolhas fervura texturas

a boca

inunda a festa

sem saber da espera

_____

medir o tempo pelos cheiros

por exemplo: o café sendo feito

é diferente

o da manhã e o da tarde

a incapacidade de explicar

pode ser esse sempre ir

da poesia

———————————

ou então medi-lo

pela duração da leitura

de um livro

de fotografias

atrás da mesa

quieto

entre livros e objetos

envelhecidos

o alfarrabista

sob ordem de despejo

do edifício e do tempo

levanta-se amável

para falar

sobre coisas que perdemos

para Maísa

me deu um caderno

sem pautas

sem traços que alinham

os escritos

nem assuntos

desejo de fazer dessas delicadezas

o lugar de fissura do tempo

metapoemas (ainda)

poetas não escrevem

metapoemas

escrevem metapoetas

na certeza da imprecisão

não aprisionam, talvez nem

libertem

mas desaceleram

      para si

      o tempo

no corpo quieto da foto

sombra cravada no tempo

histórias

no nervo inquieto da escrita

sangue em fio na gengiva

buscando

o hiato que encarna

e não cessa de ser

quando tanto

resíduo

de poesia

(talvez aqui, sim, lição de Ana C.)

tirar a cor de uma foto

como se pudesse

mudar o tempo

fazer do instante

o extemporâneo

a posteridade antes do agora

querer mudar o tempo

em vez de tocá-lo

melhor seria

tirar o sépia

deixar sangrar

a cor

de acesso bruto

à paisagem

são tantos os poemas que falam peixe

artistas que pintam peixe

até escultura tem

confesso nunca sacar ao certo o efeito disso

ora é como faca que corta

ora é grávido de lama

ou se transforma em outra coisa, um bicho, um
homem

pensei até que devesse escrever algo com peixe

mas acaba que escapa

rasgante

como se um rio sem margem

é como quando a gente

ao voltar da padaria depois de comprar algo gostoso

e a casa é longe

ou como esperar que amanhá o dia náo chova

tem piquenique

ou ainda chegar muito mais cedo

no primeiro encontro...

é nessa urgência

e no tempo que só faz aumentar

que algo rasga a carne da prosa

e um verso

faz transbordar o tempo outro

esse sempre ir

de ethos e pa(c)thos

em meio à escrita deste livro

um breve branco

e o ódio

cínico

abjeto

referendado

por quem (?)

amanhã

ou pouco mais

desiludido

desenganado

torturado

pelo próprio abismo

cavado

cravado

no peito

onde um sonho...

os corpos

dos textos com que nos inscrevemos

no mundo

nas cores

formas potências

sexos e risos

que somos

garantem um maldito consolo:

o de sabermos

que se nos querem mudos

não dormirão

pensando se

em nossos silêncios

estaremos tramando

e sim, às vezes,

outras tantas

não, pois

estaremos transando

gozando

bebendo

amando e

cagando

pra eles

que não dormirão

o que rompe agora

no asfalto

é líquido

disforme

feito

defeito

que escorre

e dá medo

e some

na fresta

pra terra

e dela

o caule

frágil

ainda

ainda

esfregar-se ao vento

andar na chuva com

o riso de um segredo

de ejaculação

saber-se fenda

crise escorrendo

golpe de existir

no ponto vazado

dos costumes

de quem nos tiraniza

a paciência

com essa paumolescência de coisas

falsas, morais, medrosas

do próprio ânus

são três ecologias

o homem rio

o rio memória

e a memória colcha espessa

onde deitamos

quando aquele que corre

horizontal

transborda aquela que é amorfa

o que nos resta?

tudo o mais...

açúcar trabalhando a fruta

animal no cio

uma flor a nos ver

o pai chega em casa com um pouco de dinheiro

a mãe

caderneta e lápis na mão

os números não ajudam

três filhos

cinco bancos e a mesa retangular

um saco grande de pão

às vezes silêncio

nunca feito em falta

de afeto

educação emocional de uma classe

média com leite

aquele breve instante

em que a lágrima

ainda não desceu

pelo rosto mas quase

e esse quase é a deformação

que a dor

a hesitação

pois a resposta não veio

pergaminho ainda sem

rasgo do estilete

germinação interrompida para

nascer o álcool

esse soco de vida

sem anestesia

que de tempos

em tempos

logo,

fazer uma incisão

na carne de um rio

que não cessa

de mostrar que orgânico

líquido e amorfo é seu estar no mundo

enferrujar a lâmina

na luta inglória de provar

que a vida não basta

que o silêncio

não basta

Sobre o autor

Cristiano de Sales nasceu em Florianópolis (1980). É professor de literatura na UTFPR. Escreve sobre livros no jornal Rascunho. Mora em Curitiba.

capa e projeto gráfico
Matheus Rodriguez Martins
encadernação
Laboratório Gráfico Arte & Letra
fotografia
Gabriel Rodriguez Martins

© 2020, Cristiano de Sales

S 163
Sales, Cristiano de
De silêncios e demoras / Cristiano de Sales. –
Curitiba : Arte & Letra, 2020.
110 p.
ISBN 978-65-991337-0-1

1. Poesia brasileira   I. Título
CDD   869.1

Índice para catálogo sistemático:
1. Poesia : Literatura brasileira   869.1

Rua Des. Motta, 2011. Batel
Curitiba - PR - Brasil / CEP: 80420-162
Fone: (41) 3223-5302
www.arteeletra.com.br - contato@arteeletra.com.br